Olympe d

# -Déclaration des droits de la femme et de la citoyenne-

1791

## EEEOYS EDITIONS

*Olympe de Gouges*

Olympe de Gouges remettant sa « *Déclaration des droits de la femme et de la citoyenne* » à Marie-Antoinette.

# PRÉFACE

## Une Poétique de la ferveur

On a dit et on dira ailleurs tout ce que le fond de la *Déclaration* d'Olympe de Gouges contient d'idéal.

De l'identité des conditions naturelles doit, à en croire la dramaturge et son siècle, parvenus à l'heure de vérité historique, procéder une égalité des dignités, des droits et des devoirs ; elle doit en procéder ici, maintenant, sans délai, sans que rien ni personne ne barguigne, sans que rien ni personne ne revendique, une fois de plus, un délai d'examen, le répit prétendument nécessaire à celui qui institue.

Et c'est précisément dans cette impatience, dans cette poétique de la ferveur, de l'exaltation, de l'exigence radicale, de cette exigence qui se manifeste elle-même comme sur un théâtre démonstratif où elle ferait leçon comme telle, en soi, comme un souffle valant pour soi, comme une façon d'agitation ardente, d'embrasement intérieur qui n'eût pas besoin d'avoir quoi que ce soit à dire, à clamer, à hurler, pour avoir accompli son rôle ou sa mission, c'est précisément dans cette ferveur savamment ourdie par celle qui connaît tout de l'art du monologue, qui est fille de Marivaux, féale de Goldoni, c'est précisément dans cette fièvre théâtralisée, posée sur la page depuis un examen de soi, une critique de ses effets, que réside tout le sel, aux yeux du rédacteur de ces lignes, de la *Déclaration des droits de la femme et de la citoyenne.*

Rien, en effet, de ce que revendique ici Olympe de Gouges, ne se situe en avancée fondamentale, en « inédit » des prétentions d'une Révolution qui veut lier pour toujours nature et droits, civilisation et donné.

Ce n'est pas là qu'Olympe fait nouveauté : elle fait nouveauté en tant que son libelle, que son placard, illustre un art de monologuer, d'outrer, d'animer une parole émise depuis un dédoublement de soi qui offre, qui abandonne à la scène - selon le principe énoncé par Diderot dans son *Paradoxe sur le comédien* et mis en pratique par son *Neveu de Rameau*- un corps reformé, une « anatomie refaite », dirait Artaud, un double de parole portée pour la parole portée, plaçant le lecteur dans la position du spectateur rassis « devant la parole »[1], devant une parole presque célibataire de son propos, devant un corps de la parole utile *en soi*, révélé hypnotiquement par l'accumulation de l'asyndète, de la parataxe, de la prosodie modale, par l'usage de toute la gamme des pauses, de l'incise, du dialogue feint, de l'interpellation rhétorique, d'un présent si catégorique, si violemment assertorique qu'il en tourne apodictique, qu'il en devient présent de l'évidence nécessaire !

Oui, Olympe place le lecteur devant un corps, devant un corps de parole dont l'ignition par le style faussement « troussé » de chic, donne à voir ce que

---

[1] : Voir Valère Novarina, *Devant la parole*, POL, 1999.

serait une « foi laïque », une conviction militante sans nuance, un corps possédé par mieux qu'une de ces « fureurs » à l'antique : par une « vérité ».

Car ce n'est pas un « point de vue » qu'Olympe place ici dans la bouche d'un corps devenu corps d'une parole sur la scène que la réplication des mêmes traits stylistiques fait surgir en une manière d'hologramme dramaturgique dans l'esprit du lecteur, ce n'est pas « l'opinion » d'un temps : c'est bien une vérité dont l'épée de feu traverse le corps de parole comme le dard le sein de Sainte Thérèse transverbérée.

C'est un corps mystique, un corps revenu de vérité, un « corps glorieux » qu'Olympe, sans doute lectrice du *Véritable Saint Genest* de Rotrou, met ici en scène : un corps qui a vu la vérité, qui y a séjourné et qui en revient, mû par l'exaltation toute paulinienne du témoin, du « *martüros* » qui a su souffrir, avec son sexe et comme en émanant, pour *voir*.

C'est bien avant tout par le façonnement subtil du monologue d'une martyre, d'un corps valant pour tous les corps de femme, par la théâtralité savante de ce qui est forme d'une parole « parrhésiaque », d'une parole du vrai, que semble valoir, sur le plan strictement littéraire, le texte d'Olympe.

Une poétique de la ferveur y contribue à chaque ligne à ce qu'indépendamment de la théorie, de la concaténation des principes, des conséquences et des préconisations, un souffle venu de Vérité *soulève* tout principe, toute conséquence et toute préconisation, de sorte que la profession de foi, de sorte que le credo, ne soit pas tant expression humaine que révélation, épiphanie.

Oui, le corps d'Olympe, ce corps constitué voix par la langue et par l'art, devient parole, corps de parole sur une scène invisible, ne se pose pas ici uniquement comme corps partisan, comme corps au travail politique : tout lui est donné par la plume de l'auteur pour qu'il paraisse issu d'une ascendance du naturel, d'une vérité antérieure, éminente à tout droit naturel accordé, et qui fait de ce droit, à chaque phrase composée, un droit « naturellement accordé », une « moindre des choses ».

*La Déclaration des droits de la femme et de la citoyenne* est bien le texte d'une possédée, de ce que le féminisme des années 1970 nommera, pour adresser un pied de nez à la tradition caricaturée par Jean Bodin dans son *De la Démonomanie des sorciers* de 1580, une « sorcière »[2]. C'est incontestablement l'œuvre d'un corps animé et « refait », refait pour faire parole, par une vérité supérieure, par une nature de la nature, par une raison de la raison ; ou plutôt, c'est le produit d'une écriture dont la sophistication aussi celée que possible, dont le « naturel », aussi construit que celui des grandes romancières du siècle précédent ou des tirades de la Marianne de Marivaux, sait faire de la voix qu'elle lance sur la scène du monde le chant de ce qui doit évidemment et immédiatement être… *parce qu'il est.*

---

[2] : On pense bien entendu ici à la revue *Sorcières* créée en 1975 par Xavière Gauthier.

Emmanuel Tugny

Agrégé et Docteur de l'Université

Auteur.

# LES DROITS DE LA FEMME.

## À LA REINE.

Madame,

Peu faite au langage que l'on tient aux Rois, je n'emploierai point l'adulation des Courtisans pour vous faire hommage de cette singulière production. Mon but, Madame, est de vous parler franchement ; je n'ai pas attendu, pour m'exprimer ainsi, l'époque de la Liberté ; je me suis montrée avec la même énergie dans un temps où l'aveuglement des Despotes punissait une si noble audace.

Lorsque tout l'Empire vous accusait et vous rendait responsable de ses calamités, moi seule, dans un temps de trouble et d'orage, j'ai eu la force de prendre votre défense. Je n'ai jamais pu me persuader qu'une Princesse, élevée au sein des grandeurs, eût tous les vices de la bassesse.

Oui, Madame, lorsque j'ai vu le glaive levé sur vous, j'ai jeté mes observations entre ce glaive et la victime ; mais aujourd'hui que je vois qu'on observe de près la foule de mutins soudoyée, & qu'elle est retenue par la crainte des loix, je vous dirai, Madame, ce que je ne vous aurois pas dit alors.

Si l'étranger porte le fer en France, vous n'êtes plus à mes yeux cette Reine faussement inculpée, cette Reine intéressante, mais une implacable ennemie des Français. Ah ! Madame, songez que vous êtes mère et épouse ; employez tout votre crédit pour le retour des Princes. Ce crédit, si sagement appliqué, raffermit la couronne du père, la conserve au fils, et vous réconcilie l'amour des Français. Cette digne négociation est le vrai devoir d'une Reine. L'intrigue, la cabale, les projets sanguinaires précipiteroient votre chûte, si l'on pouvait vous soupçonner capable de semblables desseins.

Qu'un plus noble emploi, Madame, vous caractérise, excite votre ambition, et fixe vos regards. Il n'appartient qu'à celle que le hasard a élevée à une place éminente, de donner du poids à l'essor des Droits de la Femme, et d'en accélérer les succès. Si vous étiez moins instruite, Madame, je pourrais craindre que vos intérêts particuliers ne l'emportassent sur ceux de votre sexe. Vous aimez la gloire : songez, Madame, que les plus grands crimes s'immortalisent comme les plus grandes vertus ; mais quelle différence de célébrité dans les fastes de l'histoire ! l'une est sans cesse prise pour exemple, et l'autre est éternellement l'exécration du genre humain.

On ne vous fera jamais un crime de travailler à la restauration des mœurs, à donner à votre sexe toute la consistance dont il est susceptible. Cet ouvrage n'est pas le travail d'un jour, malheureusement pour le nouveau régime. Cette révolution ne s'opérera que quand toutes les femmes seront pénétrées de leur déplorable sort, & des droits qu'elles ont perdus dans la société. Soutenez, Madame, une si belle cause ; défendez ce sexe malheureux, et vous aurez bientôt pour vous une moitié du royaume, et le tiers au moins de l'autre.

Voilà, Madame, voilà par quels exploits vous devez vous signaler et employer votre crédit. Croyez-moi, Madame, notre vie est bien peu de chose, surtout pour une Reine, quand cette vie n'est pas embellie par l'amour des peuples, et par les charmes éternels de la bienfaisance.

S'il est vrai que des Français arment contre leur patrie toutes les puissances ; pourquoi ? pour de frivoles prérogatives, pour des chimères. Croyez, Madame, si j'en juge par ce que je sens, le parti monarchique se détruira de lui-même, qu'il abandonnera tous les tyrans, et tous les cœurs se rallieront autour de la patrie pour la défendre.

Voilà, Madame, voilà quels sont mes principes. En vous parlant de ma patrie, je perds de vue le but de cette dédicace. C'est ainsi que tout bon citoyen sacrifie sa gloire, ses intérêts, quand il n'a pour objet que ceux de son pays.

Je suis avec le plus profond respect,

M a d a m e ,

Votre très-humble et très-obéissante servante,

De Gouges.

# LES DROITS DE LA FEMME.

HOMME, es-tu capable d'être juste ? C'est une femme qui t'en fait la question ; tu ne lui ôteras pas du moins ce droit. Dis-moi ? Qui t'a donné le souverain empire d'opprimer mon sexe ? Ta force ? Tes talents ? Observe le créateur dans sa sagesse ; parcours la nature dans toute sa grandeur, dont tu sembles vouloir te rapprocher, et donne-moi, si tu l'oses, l'exemple de cet empire tyrannique.

Remonte aux animaux, consulte les éléments, étudie les végétaux, jette enfin un coup d'œil sur toutes les modifications de la matière organisée ; et rends-toi à l'évidence quand je t'en offre les moyens ; cherche, fouille et distingue, si tu peux, les sexes dans l'administration de la nature. Partout tu les trouveras confondus, partout ils coopèrent avec un ensemble harmonieux à ce chef-d'œuvre immortel.

L'homme seul s'est fagoté un principe de cette exception. Bizarre, aveugle, boursouflé de sciences et dégénéré, dans ce siècle de lumières et de sagacité, dans l'ignorance la plus crasse, il veut commander en despote sur un sexe qui a reçu toutes les facultés intellectuelles ; il prétend jouir de la Révolution, et réclamer ses droits à l'égalité, pour ne rien dire de plus.

# DÉCLARATION DES DROITS DE LA FEMME ET DE LA CITOYENNE,

*À décréter par l'assemblée nationale dans ses dernières séances ou dans celle de la prochaine législature.*

# PRÉAMBULE

Les mères, les filles, les sœurs, représentantes de la nation, demandent d'être constituées en assemblée nationale. Considérant que l'ignorance, l'oubli ou le mépris des droits de la femme, sont les seules causes des malheurs publics et de la corruption des gouvernements, ont résolu d'exposer dans une déclaration solennelle, les droits naturels, inaliénables et sacrés de la femme, afin que cette déclaration, constamment présente à tous les membres du corps social, leur rappelle sans cesse leurs droits et leurs devoirs, afin que les actes du pouvoir des femmes, et ceux du pouvoir des hommes pouvant être à chaque instant comparés avec le but de toute institution politique, en soient plus respectés, afin que les réclamations des citoyennes, fondées désormais sur des principes simples et incontestables, tournent toujours au maintien de la constitution, des bonnes mœurs, et au bonheur de tous.

En conséquence, le sexe supérieur en beauté comme en courage, dans les souffrances maternelles, reconnaît et déclare, en présence et sous les auspices de l'Être suprême, les Droits suivans de la Femme et de la Citoyenne.

# Article premier.

La Femme naît libre et demeure égale à l'homme en droits. Les distinctions sociales ne peuvent être fondées que sur l'utilité commune.

# II.

Le but de toute association politique est la conservation des droits naturels et imprescriptibles de la Femme et de l'Homme : ces droits sont la liberté, la propriété, la sûreté, et surtout la résistance à l'oppression.

# III.

Le principe de toute souveraineté réside essentiellement dans la Nation, qui n'est que la réunion de la Femme et de l'Homme : nul corps, nul individu, ne peut exercer d'autorité qui n'en émane expressément.

# IV.

La liberté et la justice consistent à rendre
tout ce qui appartient à autrui ; ainsi
l'exercice des droits naturels de la femme
n'a de bornes que la tyrannie perpétuelle
que l'homme lui oppose ; ces bornes
doivent être réformées par les loix de la
nature et de la raison.

# V.

Les loix de la nature et de la raison
défendent toutes actions nuisibles à la
société : tout ce qui n'est pas défendu par
ces loix, sages et divines, ne peut être
empêché, et nul ne peut être contraint à
faire ce qu'elles n'ordonnent pas.

# VI.

La Loi doit être l'expression de la volonté générale ; toutes les Citoyennes et Citoyens doivent concourir personnellement, ou par leurs représentans, à sa formation ; elle doit être la même pour tous : toutes les Citoyennes et tous les Citoyens, étant égaux à ses yeux, doivent être également admissibles à toutes dignités, places et emplois publics, selon leurs capacités, & sans autres distinctions que celles de leurs vertus et de leurs talents.

# VII.

Nulle femme n'est exceptée ; elle est accusée, arrêtée, & détenue dans les cas déterminés par la Loi. Les femmes obéissent comme les hommes à cette Loi rigoureuse.

# VIII.

La Loi ne doit établir que des peines strictement & évidemment nécessaires, & nul ne peut être puni qu'en vertu d'une Loi établie et promulguée antérieurement au délit et légalement appliquée aux femmes.

# IX.

Toute femme étant déclarée coupable,
toute rigueur est exercée par la Loi.

# X.

Nul ne doit être inquiété pour ses opinions mêmes fondamentales, la femme a le droit de monter sur l'échafaud ; elle doit avoir également celui de monter à la Tribune ; pourvu que ses manifestations ne troublent pas l'ordre public établi par la Loi.

# XI.

La libre communication des pensées et des opinions est un des droits les plus précieux de la femme, puisque cette liberté assure la légitimité des pères envers les enfants. Toute Citoyenne peut donc dire librement, je suis mère d'un enfant qui vous appartient, sans qu'un préjugé barbare la force à dissimuler la vérité ; sauf à répondre de l'abus de cette liberté dans les cas déterminés par la Loi.

*Olympe de Gouges*

# XII.

La garantie des droits de la femme et de la Citoyenne nécessite une utilité majeure ; cette garantie doit être instituée pour l'avantage de tous, & non pour l'utilité particulière de celles à qui elle est confiée.

# XIII.

Pour l'entretien de la force publique, & pour les dépenses d'administration, les contributions de la femme et de l'homme sont égales ; elle a part à toutes les corvées, à toutes les tâches pénibles ; elle doit donc avoir de même part à la distribution des places, des emplois, des charges, des dignités et de l'industrie.

# XIV.

Les Citoyennes et Citoyens ont le droit de constater par eux-mêmes ou par leurs représentans, la nécessité de la contribution publique. Les Citoyennes ne peuvent y adhérer que par l'admission d'un partage égal, non-seulement dans la fortune, mais encore dans l'administration publique, et de déterminer la quotité, l'assiette, le recouvrement et la durée de l'impôt.

# XV.

La masse des femmes, coalisée pour la contribution à celle des hommes, a le droit de demander compte, à tout agent public, de son administration.

# XVI.

Toute société, dans laquelle la garantie
des droits n'est pas assurée, ni la
séparation des pouvoirs déterminée, n'a
point de constitution ; la constitution est
nulle, si la majorité des individus qui
composent la Nation, n'a pas coopéré à
sa rédaction.

# XVII.

Les propriétés sont à tous les sexes réunis ou séparés ; elles ont pour chacun un droit inviolable et sacré ; nul ne peut en être privé comme vrai patrimoine de la nature, si ce n'est lorsque la nécessité publique, légalement constatée, l'exige évidemment, et sous la condition d'une juste et préalable indemnité.

# POSTAMBULE.

Femme, réveille-toi ; le tocsin de la raison se fait entendre dans tout l'univers ; reconnois tes droits. Le puissant empire de la nature n'est plus environné de préjugés, de fanatisme, de superstition et de mensonges. Le flambeau de la vérité a dissipé tous les nuages de la sottise et de l'usurpation. L'homme esclave a multiplié ses forces, a eu besoin de recourir aux tiennes pour briser ses fers. Devenu libre, il est devenu injuste envers sa compagne. Ô femmes ! femmes, quand cesserez-vous d'être aveugles ? Quels sont les avantages que vous avez recueillis dans la révolution ? Un mépris plus marqué, un dédain plus signalé. Dans les siècles de corruption vous n'avez régné que sur la foiblesse des hommes. Votre empire est détruit ; que vous reste-t-il donc ? la conviction des injustices de l'homme. La réclamation de votre patrimoine, fondée sur les sages décrets de la nature ; qu'auriez-vous à redouter pour une si belle entreprise ? le bon mot du Législateur des noces de Cana ? Craignez-vous que nos Législateurs Français, correcteurs de cette morale, longtemps accrochée aux branches de la politique, mais qui n'est plus de saison, ne vous répètent : femmes, qu'y a-t-il de commun entre vous et nous ? Tout, auriez-vous à répondre. S'ils s'obstinoient, dans leur faiblesse, à mettre cette inconséquence en contradiction avec leurs principes ; opposez courageusement la force de la raison aux vaines prétentions de supériorité ; réunissez-vous sous les étendards de la philosophie ; déployez toute l'énergie de votre caractère, et vous verrez bientôt ces orgueilleux, non serviles adorateurs rampants à vos pieds, mais fiers de partager avec vous les trésors de l'Être Suprême. Quelles que soient les barrières que l'on vous oppose, il est en votre pouvoir de les affranchir ; vous n'avez qu'à le vouloir. Passons maintenant à l'effroyable tableau de ce que vous avez été dans la société ; & puisqu'il est question, en ce moment, d'une éducation nationale, voyons si nos sages Législateurs penseront sainement sur l'éducation des femmes.

Les femmes ont fait plus de mal que de bien. La contrainte et la dissimulation ont été leur partage. Ce que la force leur avait ravi, la ruse leur a rendu ; elles ont eu recours à toutes les ressources de leurs charmes, et le plus irréprochable ne leur résistait pas. Le poison, le fer, tout leur était soumis ; elles commandaient au crime comme à la vertu. Le gouvernement français, surtout, a dépendu, pendant des siècles, de l'administration nocturne des femmes ; le cabinet n'avait point de secret pour leur indiscrétion ; ambassade, commandement, ministère, présidence, pontificat, cardinalat ; enfin tout ce qui caractérise la sottise des hommes, profane et sacré, tout a été soumis à la cupidité et à l'ambition de ce sexe autrefois méprisable et respecté, et depuis la révolution, respectable et méprisé.

Dans cette sorte d'antithèse, que de remarques n'ai-je point à offrir ! je n'ai qu'un moment pour les faire, mais ce moment fixera l'attention de la postérité la plus reculée. Sous l'ancien régime, tout étoit vicieux, tout étoit coupable ; mais ne pourroit-on pas apercevoir l'amélioration des choses dans la substance même des vices ? Une femme n'avoit besoin que d'être belle ou aimable ; quand elle possédoit ces deux avantages, elle voyoit cent fortunes à ses pieds. Si elle n'en profitoit pas, elle avoir un caractère bizarre, ou une philosophie peu commune, qui la portoit au mépris des richesses ; alors elle n'étoit plus considérée que comme une mauvaise tête ; la plus indécente se faisoit respecter avec de l'or ; le commerce des femmes étoit une espèce d'industrie reçue dans la première classe, qui, désormais, n'aura plus de crédit. S'il en avoit encore, la révolution seroit perdue, et sous de nouveaux rapports, nous serions toujours corrompus ; cependant la raison peut-elle se dissimuler que tout autre chemin à la fortune est fermé à la femme que l'homme achète, comme l'esclave sur les côtes d'Afrique. La différence est grande ; on le sait. L'esclave commande au maître ; mais si le maître lui donne la liberté sans récompense, et à un âge où l'esclave a perdu tous ses charmes, que devient cette infortunée ? Le jouet du mépris ; les portes mêmes de la bienfaisance lui sont fermées ; elle est pauvre et vieille, dit-on ; pourquoi n'a-t-elle pas su faire fortune ? D'autres exemples encore plus touchants s'offrent à la raison. Une jeune personne sans expérience, séduite par un homme qu'elle aime, abandonnera ses parens pour le suivre ; l'ingrat la laissera après quelques années, et plus elle aura vieilli avec lui, plus son inconstance sera inhumaine ; si elle a des enfants, il l'abandonnera de même. S'il est riche, il se croira dispensé de partager sa fortune avec ses nobles victimes. Si quelqu'engagement le lie à ses devoirs, il en violera la puissance en espérant tout des lois. S'il est marié, tout autre engagement perd ses droits. Quelles lois restent-il donc à faire pour extirper le vice jusques dans la racine ? Celle du partage des fortunes entre les hommes et les femmes, et de l'administration publique. On conçoit aisément que celle qui est née d'une famille riche, gagne beaucoup avec l'égalité des partages. Mais celle qui est née d'une famille pauvre, avec du mérite et des vertus ; quel est son lot ? La pauvreté et l'opprobre. Si elle n'excelle pas précisément en musique ou en peinture, elle ne peut être admise à aucune fonction publique, quand elle en auroit toute la capacité. Je ne veux donner qu'un aperçu des choses, je les approfondirai dans la nouvelle édition de mes ouvrages politiques que je me propose de donner au public dans quelques jours, avec des notes.

Je reprends mon texte quant aux mœurs. Le mariage est le tombeau de la confiance & de l'amour. La femme mariée peut impunément donner des bâtards à son mari, et la fortune qui ne leur appartient pas. Celle qui ne l'est pas, n'a qu'un faible droit : les lois anciennes et inhumaines lui refusaient ce droit sur le nom & sur le bien de leur père, pour ses enfants, et l'on n'a pas fait de nouvelles lois sur cette matière. Si tenter de donner à mon sexe une consistance honorable et juste, est considéré dans ce moment comme un paradoxe de ma part, et comme tenter l'impossible, je laisse aux hommes à venir la gloire de traiter cette matière ; mais, en attendant, on peut la préparer par l'éducation nationale, par la restauration des mœurs et par les conventions conjugales.

*Forme du Contrat social de l'Homme et de la Femme.*

Nous $N$ et $N$, mus par notre propre volonté, nous unissons pour le terme de notre vie, et pour la durée de nos penchans mutuels, aux conditions suivantes : Nous entendons & voulons mettre nos fortunes en communauté, en nous réservant cependant le droit de les séparer en faveur de nos enfants, et de ceux que nous pourrions avoir d'une inclination particulière, reconnaissant mutuellement que notre bien appartient directement à nos enfants, de quelque lit qu'ils sortent, et que tous indistinctement ont le droit de porter le nom des pères et mères qui les ont avoués, et nous imposons de souscrire à la loi qui punit l'abnégation de son propre sang. Nous nous obligeons également, au cas de séparation, de faire le partage de notre fortune, et de prélever la portion de nos enfants indiquée par la loi ; et, au cas d'union parfaite, celui qui viendrait à mourir, se désisterait de la moitié de ses propriétés en faveur de ses enfants ; et si l'un mouroit sans enfants, le survivant hériterait de droit, à moins que le mourant n'ait disposé de la moitié du bien commun en faveur de qui il jugerait à propos.

Voilà à-peu-près la formule de l'acte conjugal dont je propose l'exécution. À la lecture de ce bizarre écrit, je vois s'élever contre moi les tartuffes, les bégueules, le clergé et toute la séquelle infernale. Mais combien il offrira aux sages de moyens moraux pour arriver à la perfectibilité d'un gouvernement heureux ! j'en vais donner en peu de mots la preuve physique. Le riche Épicurien sans enfants, trouve fort bon d'aller chez son voisin pauvre augmenter sa famille. Lorsqu'il y aura une loi qui autorisera la femme du pauvre à faire adopter au riche ses enfants, les liens de la société seront plus resserrés, et les mœurs plus épurées. Cette loi conservera peut-être le bien de la communauté, et retiendra le désordre qui conduit tant de victimes dans les hospices de l'opprobre, de la bassesse et de la dégénération des principes humains, où, depuis longtems, gémit la nature. Que les détracteurs de la saine philosophie cessent donc de se récrier contre les mœurs primitives, ou qu'ils aillent se perdre dans la source de leurs citations.

Je voudrois encore une loi qui avantageât les veuves et les demoiselles trompées par les fausses promesses d'un homme à qui elles se seroient attachées ; je voudrois, dis-je, que cette loi forçât un inconstant à tenir ses engagements, ou à une indemnité proportionnelle à sa fortune. Je voudrois encore que cette loi fût rigoureuse contre les femmes, du moins pour celles qui auroient le front de recourir à une loi qu'elles auroient elles-mêmes enfreinte par leur inconduite, si la preuve en étoit faite. Je voudrois, en même tems, comme je l'ai exposée dans le bonheur primitif de l'homme, en 1788, que les filles publiques fussent placées dans des quartiers désignés. Ce ne sont pas les femmes publiques qui contribuent le plus à la dépravation des mœurs, ce sont les femmes de la société. En restaurant les dernières, on modifie les premières. Cette chaîne d'union fraternelle offrira d'abord le désordre, mais par les suites, elle produira à la fin un ensemble parfait.

J'offre un moyen invincible pour élever l'âme des femmes ; c'est de les joindre à tous les exercices de l'homme : si l'homme s'obstine à trouver ce moyen impraticable, qu'il partage avec la femme, non à son caprice, mais par la sagesse des lois. Le préjugé tombe, les moeurs s'épurent, et la nature reprend tous ses droits. Ajoutez-y le mariage des prêtres ; le Roi, raffermi sur son trône, et le gouvernement français ne sauroit plus périr.

Il était bien nécessaire que je dise quelques mots sur les troubles que cause, dit-on, le décret en faveur des hommes de couleur, dans nos îles. C'est là où la nature frémit d'horreur ; c'est là où la raison et l'humanité, n'ont pas encore touché les âmes endurcies ; c'est là surtout où la division et la discorde agitent leurs habitans. Il n'est pas difficile de deviner les instigateurs de ces fermentations incendiaires : il y en a dans le sein même de l'Assemblée Nationale : ils allument en Europe le feu qui doit embraser l'Amérique. Les Colons prétendent régner en despotes sur des hommes dont ils sont les pères et les frères ; et méconnoissant les droits de la nature, ils en poursuivent la source jusque dans la plus petite teinte de leur sang. Ces colons inhumains disent : notre sang circule dans leurs veines, mais nous le répandrons tout, s'il le faut, pour assouvir notre cupidité, ou notre aveugle ambition. C'est dans ces lieux les plus près de la nature, que le père méconnaît le fils ; sourd aux cris du sang, il en étouffe tous les charmes ; que peut-on espérer de la résistance qu'on lui oppose ? la contraindre avec violence, c'est la rendre terrible, la laisser encore dans les fers, c'est acheminer toutes les calamités vers l'Amérique. Une main divine semble répandre par tout l'apanage de l'homme, *la liberté ;* la loi seule a le droit de réprimer cette liberté, si elle dégénère en licence ; mais elle doit être égale pour tous, c'est elle surtout qui doit renfermer l'Assemblée Nationale dans son décret, dicté par la prudence et par la justice. Puisse-t-elle agir de même pour l'état de la France, et se rendre aussi attentive sur les nouveaux abus, comme elle l'a été sur les anciens qui deviennent chaque jour plus effroyables ! Mon opinion seroit encore de raccommoder le pouvoir exécutif avec le pouvoir législatif, car il me semble que l'un est tout, et que l'autre n'est rien ; d'où naîtra, malheureusement peut-être, la perte de l'Empire François. Je considère ces deux pouvoirs, comme l'homme et la femme qui doivent être unis, mais égaux en force et en vertu, pour faire un bon ménage.

———————————

Il est donc vrai que nul individu ne peut échapper à son sort ; j'en fais l'expérience aujourd'hui.

J'avois résolu & décidé de ne pas me permettre le plus petit mot pour rire dans cette production, mais le sort en a décidé autrement : voici le fait :

L'économie n'est point défendue, surtout dans ce tems de misère. J'habite la campagne. Ce matin à huit heures je suis partie d'Auteuil, & me suis acheminée vers la route qui conduit de Paris à Versailles, où l'on trouve souvent ces fameuses guinguettes qui ramassent les passans à peu de frais. Sans doute une mauvaise étoile me poursuivoit dès le matin. J'arrive à la barrière où je ne trouve pas même le triste sapin aristocrate. Je me repose sur les marches de cet édifice insolent qui recéloit des commis. Neuf heures sonnent, & je continue mon chemin : une voiture s'offre à mes regards, j'y prends place, et j'arrive à neuf heures un quart, à deux montres différentes, au Pont-Royal. J'y prends le sapin, & je vole chez mon Imprimeur, rue Christine, car je ne peux aller que là si matin : en corrigeant mes épreuves, il me reste toujours quelque chose à faire ; si les pages ne sont pas bien serrées et remplies. Je reste à-peu-près vingt minutes ; & fatiguée de marche, de composition et de d'impression, je me propose d'aller prendre un bain dans le quartier du Temple, où j'allois dîner. J'arrive à onze heures moins un quart, à la pendule du

bain ; je devois donc au cocher une heure
& demie ; mais, pour ne pas avoir de
dispute avec lui, je lui offre 48 sols : il exige
plus, comme d'ordinaire ; il fait du bruit.
Je m'obstine à ne vouloir plus lui donner
que son dû, car l'être équitable aime mieux
être généreux que dupe. Je le menace de la
loi, il me dit qu'il s'en moque, & que je lui
paierai deux heures. Nous arrivons chez
un commissaire de paix, que j'ai la
générosité de ne pas nommer, quoique
l'acte d'autorité qu'il s'est permis envers
moi, mérite une dénonciation formelle. Il
ignorait sans doute que la femme qui
réclamait sa justice étoit la femme auteur
de tant de bienfaisance & d'équité. Sans

avoir égard à mes raisons, il me condamne impitoyablement à payer au cocher ce qu'il me demandoit. Connoissant mieux la loi que lui, je lui dis, Monsieur, je m'y refuse, & je vous prie de faire attention que vous n'êtes pas dans le principe de votre charge. Alors, cet homme, ou, pour mieux dire, ce forcené s'emporte, me menace de la Force si je ne paye à l'instant, ou de rester toute la journée dans son bureau. Je lui demande de me faire conduire au tribunal de département ou à la mairie, ayant à me plaindre de son coup d'autorité. Le grave magistrat, en redingote poudreuse & dégoûtante comme sa conversation, m'a dit plaisamment : cette affaire ira sans doute à l'Assemblée Nationale ! Cela se pourroit bien, lui dis-je ; & je m'en fus moitié furieuse & moitié riant du jugement de ce moderne Bride-Oison, en disant : c'est donc là l'espèce d'homme qui doit juger un peuple éclairé ! On ne voit que cela. Semblables aventures arrivent indistinctement aux bons patriotes, comme aux mauvais. Il n'y a qu'un cri sur les désordres des sections & des tribunaux. La justice ne se rend pas ; la loi est méconnue, & la police se fait, Dieu sait comment. On ne peut plus retrouver les cochers à qui l'on confie des effets ; ils changent les numéros à leur fantaisie, & plusieurs personnes, ainsi que moi, ont fait des pertes considérables dans les voitures. Sous l'ancien régime, quel que fût son brigandage, on trouvait la trace de ses pertes, en faisant un appel nominal des cochers, & par l'inspection exacte des numéros ; enfin on étoit en sûreté. Que font ces juges de paix ? que font ces commissaires, ces inspecteurs du nouveau régime ? Rien que des sottises & des monopoles. L'Assemblée Nationale doit fixer toute son attention sur cette partie qui embrasse l'ordre social.

*P. S.* Cet ouvrage était composé depuis quelques jours ; il a été retardé encore à l'impression ; et au moment que M. Talleyrand, dont le nom sera toujours cher à la postérité, venant de donner son ouvrage sur les principes de l'éducation nationale, cette production étoit déjà sous la presse. Heureuse si je me suis rencontrée avec les vues de cet orateur ! Cependant je ne puis m'empêcher d'arrêter la presse, et de faire éclater la pure joie, que mon cœur a ressentie à la nouvelle que le roi venait d'accepter la Constitution, et que l'assemblée nationale, que j'adore actuellement, sans excepter l'abbé Maury ; et la Fayette est un dieu, avoit proclamé d'une voix unanime une amnistie générale. Providence divine, fais que cette joie publique ne soit pas une fausse illusion ! Renvoie-nous, en corps, tous nos fugitifs, et que je puisse avec un peuple aimant voler sur leur passage ; et dans ce jour solennel, nous rendrons tous hommage à ta puissance.

# EEEOYS EDITIONS

EEEOYS EDITIONS est une aventure éditoriale consacrée à l'aventure scripturale.

On n'y rencontrera que des œuvres aventureuses qui dégagent l'entreprise littéraire de la dimension égotique, réflexive, introspective, pour déployer, leur auteur "retranché", comme l'écrivait Mallarmé à l'occasion d'une conférence sur Villiers de l'Isle-Adam de 1890, des mondes.

**Eeeoys Editions** propose quatre collections ou quatre filières éditoriales.

La collection **THRES** est dédiée à la traduction ou à l'adaptation audacieuse assumée d'œuvres ressortissant au patrimoine des langues latines.

La collection **DARVEL** propose au lecteur des œuvres inédites caractérisées par le décentrement aventureux, représentatif ou stylistique.

La collection **LIBERLIBER** est dédiée à la publication d'œuvres d' auteurs chinois francophones.

La collection **E.TUGNY** est consacrée à l'une des recherches littéraires les plus singulières de notre temps : celle d'Emmanuel Tugny, romancier, poète et philosophe.

La collection **RES CIVICA** propose des œuvres témoignant de l'engagement politique de littérateurs, romanciers, poètes ou dramaturges.

Solenn Hallou, agrégée de l'Université, est directrice littéraire d'EEEOYS EDITIONS.

Florian Virly, artiste, est directeur des publications d'EEEOYS EDITIONS.

CPSIA information can be obtained
at www.ICGtesting.com
Printed in the USA
LVHW022230141021
700451LV00007B/1170

9 798709 715622